Der Hase: Eine Erzählung

Melchior Vischer

Alpha Editions

This edition published in 2022

ISBN : 9789356901285

Design and Setting By
Alpha Editions
www.alphaedis.com
Email - info@alphaedis.com

DER HASE
EINE ERZÄHLUNG

Ich bin ein alter Straßenkehrer. Ich arbeite nur drei Stunden täglich; denn meine Kräfte sind nicht mehr groß. Daher habe ich viel Zeit; ich will also die Ereignisse meines Lebens niederschreiben. Es mag als Leben eines Straßenkehrers unwichtig erscheinen; dennoch ist es nicht unwichtig. Verzeiht, daß ich nur einfach schreibe. Ich kann keine japanisch gedrehten Sätze formen; auch verstehe ich nichts vom klugen Aufbau der Handlung. Das alles kann ich nicht. Es wäre hier auch nicht notwendig; es ist ein Bericht.

Es war November. Es war ein Wald. Die Bäume standen im rötlichen Schimmer müder Sonne. Nebel gab es noch nicht; nur eine kleine Moosausdünstung, feucht und schwer, verriet die unsommerliche Zeit. Tannen und Fichten rochen nach Harz. Ein Hase, noch jung und neugierig, war seiner Familie entlaufen. Er hatte sich verirrt, weil Nadelbäume und Moos, Moos und Nadelbäume wechselten. Der Hase keuchte. Dunkelheit kam und verlöschte letzte Sonne. Da schleppte sich der Hase noch ein wenig weiter; dann konnte er aber nicht mehr. Er streckte die Läufe von sich und schlief. Der Morgen war hell. Als der Hase erwacht war, sah er Wunderbares: der Wald war zu Ende. Er selbst lag am Saum. Vor ihm eine weite, weite Ebene, grün und grau und gelb. Und rückwärts lagen die Wolken auf der Erde und schliefen. Ängstlich drehte sich der Hase um: da war der Wald, der schwarze Wald. Schnell schaute er wieder auf die Ebene hinaus: sie schien ihm gut, Weib, Mutter zu sein. Der Wald ist schwarz, der Wald ist böse, der Wald ist ein Mann. Und seine Blicke hasteten über das große mütterliche Feld. Da stockte sein Auge, sein linkes Ohr erschrak und schnellte spitz in die Höhe: dort, dort, dort . . . lag etwas, in der Mitte, breit und wuchtig. Sein Herz klopfte; er hörte dieses Klopfen, dumpf und schwer. Er war nicht feige, dennoch überlegte sein kleines Hirn, ob er zurückfliehen sollte in die Finsternis des Waldes, der hinter ihm lag wie ein drohendes Ungetüm, oder ob er auf das fremdartige Etwas zugehen sollte. Seine Beine waren flink, flinker noch seine Neugier. Da sprang er: hin lief der Hase über die vergrünten Felder. Größer und größer wurde der Block; er unterschied Linien, Gewölbtes, dann große Löcher, die wie Wasser glänzten. Da hockte er nieder, überlegte, ließ seine Ohren spielen. Sein Herz war noch immer rege; es pochte jedoch schon leiser. Die Augen aber schwammen in einem Meer voll Neugier. Knapp vor ihm waren hohe Stäbe aufgerichtet; dahinter lag geackerte Erde. Er schlich durch den Zaun, lief über den frisch aufgeworfenen Humus und stand vor etwas Hohem, das höher, größer und breiter war als ein Baum. Er legte seine Pfoten vorsichtig an und fühlte kalten

Stein. Da war ein Einschnitt, dunkel gewölbt, er nahm Anlauf, und mit einem Satz war er drin, in dem unbekannten Bereich. Hier war der Boden weich und rot; seltsam verwachsene Bäume erschienen ganz unkenntlich; glatt, glänzend, behangen mit fremdartigen Gräsern. An der Decke war kein Himmel sichtbar; trotzdem glitzerte alles und schillerte. Er sprang, — diesmal wohl aus Angst — und stieß an einen Gegenstand, der umfiel und zerbrach. Es klang, als wurden kleine Vögel getötet. In Sehnsucht nach der mütterlichen Haide suchte er einen Ausweg. Er fand keinen. So drückte er sich in eine Ecke, hörte auf das Klopfen seines scheuen Herzens und auf das schnelle Keuchen seiner gehetzten Lunge. Seine Augen suchten unterdessen und fanden nichts. Lärm und Geschrei war zugleich wie eine Erschütterung der Erde. Ein Schlag dröhnte durch die Luft, ein fremdes Wesen, nur auf zwei Füßen gehend, stürzte herein. Keuchen erfüllte alle Luft. Gepolter folgte: Rufe, Schreie. Ein zweites Wesen, dem ersten ähnlich, nur ein wenig größer, sprang herein, schrie schrill — so klang kein Tiereslaut — schnellte auf und preßte dem andern die Gurgel. Das eine drängend, das andre sich sträubend, fielen sie beide hin. Da blitzte es in der Luft: in den Fängen des größeren Unwesens sah der entsetzte Hase etwas Langes, Spitzes, wie der Schnabel eines Spechtes. Es sauste nieder, ein Ächzen, ein Röcheln: die rote Ebene ward röter. Ein schweres Keuchen, das in befreites Aufatmen ausströmte, war zu hören. Das eine Wesen ließ von dem anderen und richtete sich empor. Der Hase konnte sich nicht bewegen. Er war gelähmt: die zwei wilden Augenlichter des Wesens, das kein Tier war, nicht Raubtier, nicht gutes Tier, das ein Untier war, starrten entsetzt und groß aufgerissen in die Augen des Hasen. Der Hase zitterte. Gerade das war seine Rettung. Sein zitternder Blick hatte plötzlich den gewölbten Einschnitt erhascht: ein Sprung, bebend zwar, aber doch hoch und weit genug, folgte. Der Hase lief. Der Hase war weg.

Ich bin nicht immer Straßenkehrer gewesen. Einst war ich reich. Das Leben, das ich führte, näher zu beschreiben, wäre unnütz; ich träumte Träume aus Silber und Alabaster. Ich wäre vielleicht auch als Reicher gestorben. Wenn nicht ein höchst seltsames Ereignis mich aus meinem streng abgezirkelten Dasein in die Freiheit des Lebens hinausgeworfen hätte. An einem Novembertage verließ ich mit mehreren Freunden mein Haus; wir gingen, was wir sonst nie taten, zu Fuß in die nahe Stadt. Bei Einbruch der Dämmerung waren wir angelangt. In den Straßen war ein Verkehr, der beinahe tosend war. Die Schaufenster leuchteten wie offene Feuer: so hell. Alle Menschen eilten. Wir gingen in Gruppen, langsam, wir sprachen von gleichgültigen Dingen. Nun waren wir auf der Hauptstraße. Wagen und Menschenverkehr war maßlos laut; hin, her. Manchmal streifte einer der hastenden Fußgänger meinen Rock. Ich sah niemanden, trotzdem Kopf auf Kopf wechselte. Ein Meer von Gesichtern. Da sah ich beiseite, ganz ungefähr, zerstreut: mir stockte der Atem, mein Blut wurde zu Eis, ich konnte nicht weiter. — Er ging vorüber. Ein Mann. Seine Augen schauten mich an; seine Augen schienen Glas zu sein. Er sah ganz gewöhnlich aus; nichts Besonderes war an ihm. Ein Gleichgültiger unter Gleichgültigen des Alltags. Ein Mann der Menge in der Menge. Ich besann mich. Meine Augen sahen schärfer. Da war er schon vorüber. Ich drehte mich um. Verschwunden. Man fragte mich erstaunt: „Warum gehst du nicht? Wen sahst du?“ Ich machte eine abwehrende Handbewegung. Ich ging zurück; nichts. Ich ging schneller; nichts. Ich rannte; nichts. Ich hatte meine Freunde verloren. Ich lief die Straße hinauf; ich lief die Straße hinab. Langsam, schnell. Ruhelos. Stunden vergingen. Es war Nacht geworden; späte Nacht. Die Straße war einsam. Nur selten kam ein Mensch. Das Licht leuchtete nicht mehr; bloß Notlaternen brannten. Noch immer ging ich auf und ab. Hohl klangen meine Schritte. Eine Frage kam immer und immer wieder: Wer war dieser Mann? — Warum sah er dich an? Dann lachte ich heiser auf: „Du Tor! Ein Namenloser, ein Mann in der Menge! Ein Gleichgültiger! Zufällig sah er dich an, zufällig sahst du ihn an, zufällig kreuzten sich eure Blicke; Zufall, nichts weiter!“ Ich schlug meine Stirn und brüllte: „Tor! Tor!“ Ich war müde geworden. Ich lehnte mich an eine Laterne. Mich fröstelte. Nun merkte ich erst, daß ich Hut und Mantel verloren hatte. Kaum hatte ich das recht erfaßt, als schon wieder die Frage nach dem Unbekannten durch mein Hirn tobte. „Wer bist du?!“ schrie ich auf. „Herr, ist Ihnen schlecht? darf ich einen Wagen rufen?“ hörte ich noch jemanden fragen und sah mich selbst eine bejahende Gebärde machen. Dann wußte ich nichts mehr. Nur fern hörte ich, als riefe einer um Hilfe: Wer? Wer?

Ich wachte auf. Ich war im Bett. Ich war zu Hause. Mein Leibdiener saß im Zimmer. Ich rief: „Hast du ihn gesehen? War er da?“ „Nein, Herr!“ Ich richtete mich plötzlich auf und starrte dem Diener ins Gesicht: „Du bist ja alt, Jan, du hast weiße Haare!“ „Schon immer, Herr, schon immer,“ es schien mir, als säße der Alte nur ungern hier an meinem Bett. Ich befahl: „Hinaus!“ Er ging. Ich sprang aus dem Bett. Ich riß vom Fenstervorhang die Quaste ab. Ich klingelte. Jan kam. Ich gab ihm eine Ohrfeige. Er stand stramm. Ich hieß ihn gehen. Er ging. Ich kleidete mich an; allein. Ich tauchte mein Gesicht in kaltes Wasser. Ich fühlte eine Leere im Magen. Ich nahm trotzdem kein Frühstück. Ich ging ins Bibliothekszimmer; es war ungeheizt. Ich setzte mich zum Schreibtisch und überlegte. Ich fing an zu lachen. Denn es war ja doch nur ein ganz gewöhnlicher Mann aus der Menge. Ein Unbekannter. Ein Fremder, der mich zufällig ansah. Zufällig, zuf . . .? Ja, wer war dieser Mann? Es gibt keinen Zufall, nein, nein! Warum sah er mich an? Bin ich ein Hundsfott, daß mich jeder, der an mir zufällig vorübergeht, ansehen kann? Und warum schaute ich, der sonst niemanden auf der Straße anzusehen pflegt, in diesem Augenblick gerade auf und ihm in die Augen?? Ich schlug mit der Faust auf den Tisch: „Ich muß diesen Menschen finden, ich muß wissen, warum er mich angesehen hat!“ Ich klingelte. Ein Diener erschien. Ich klingelte nochmals. Ein zweiter Diener erschien. Ich klingelte zum drittenmal. Ein dritter Diener erschien. Und dann gab es Winke, Befehle, Schimpfworte.

Die Tage, die nach jenem Erlebnis folgten, waren unendlich und grauenvoll. Ich ließ Ankündigungen in den Zeitungen erscheinen, Belohnungen aussetzen: Wer war dieser Mann? Wer ist dieser Mann? Alles blieb stumm. In den Nächten war ich allein. Kein Weib lag in meinem Bett. Ich entließ alle Mägde. Ich schickte Diener und Pferdeknechte weg. Ich nahm neue auf. Alle mußten braune Haare haben. Denn ich glaubte mich zu erinnern, daß der Unbekannte braune Haare gehabt hatte. Ich konnte nicht schlafen. Denn das ist kein Schlaf, zu schlafen, um im Schlaf zu wissen, daß man schlafe, daß man unruhig schlafe. Manchmal sprang ich aus dem Bett und lief, dürftig bekleidet, in den Park hinaus. Dort oben waren die Sterne. Viele waren da. Auch dort suchte ich. Immer suche ich. Der Mann! Der Mann! Wer war dieser Mann? Doch die Sterne antworteten nicht. Stille, helle Sterne. Ich lief zum Hafen und betrat die Fischerhütten. Ich warf Geld hin. Man ließ mich schlafen. Ich konnte nicht schlafen. Da lachte ich laut auf, daß es in die schweigende Nacht hineingellte. Einer, der sucht und nicht findet, kann nicht schlafen. Auch dann nicht, wenn er gesund wäre wie jenes schnarchende Fischweib dort, das umlagert ist von ihren Kindern. Denn dann hätte ich die Läuse und Flöhe töten müssen. Ich töte aber keine Tiere. Nie. In diesen Hütten blieb ich kaum zwei Stunden. Dann lief ich wieder weg. Hinaus. Der Hafen war allmächtig und dunkel. Der Hafen war unheimlich. Die Ozeanfahrer und großen Segelschiffe, die vor Anker lagen, warfen drohende Schatten ans Land. Überall grinste mir das Gesicht des Namenlosen entgegen. Schaute ich nach links, so war es da. Schaute ich nach rechts, so war es da. Auch der Mond, der jetzt aus den Sturmwolken hervorkam, konnte meine Verzweiflung nicht töten. Es gibt große Sünden. Es gibt strenge Gesetze und harte Strafen. Nichts aber ist so schrecklich, wie ein Gesicht, das man nicht kennt, zu sehen. Man weiß nichts von ihm. Man weiß nur, es ist da. Wo es ist, weiß niemand. Und ich habe es gesehen. Ganz nahe. Nur weiß ich nicht, wo es ist. Ich will es sehen. Wo bist du? Wo bist du?

Meine Freunde zweifelten an meinem Verstand. Ich warf sie hinaus. Ich wollte niemanden sehen. Der Festsaal meines Hauses war traurig und öde geworden. Die Diener fürchteten mich. Ich war ein strenger Herr. Und oft recht böse. Manchmal auch grausam. Am Tage höhnte ich Gott; des Nachts verfluchte ich mich selbst. Das half alles nichts. Meine Tage waren verflucht. Meine Nächte waren verflucht. Ich selbst verfluchte den Feierabend, an dem ich jenen Unbekannten auf der Straße gesehen hatte. Ich hatte viele Leute gedungen, die mir den Aufenthalt jenes Menschen ausforschen sollten. Es kostete viel. Alles vergebens. Da hielt ich es nicht mehr aus. Ich faßte einen neuen Entschluß. Ich ging auf Reisen.

Als ich in Ägypten ankam, sah ich Wolken um die Pyramiden getürmt. Die Eingeborenen sagten mir, seit tausend Jahren wäre es wieder das erstemal, daß Wolken um die Pyramiden kreisten. Es käme sicher Unglück über das Land. Ich hörte zu und schwieg. Dann dachte ich, ob ich hier nicht zufällig ihn finden würde. In einem Anfall von Wut gegen mich selbst erschlug ich einen der Kameltreiber. Die anderen drohten. Ich gab Gold. Man grüßte mich. Um Gold ist natürlich der Tod käuflich. Nur der eigene nicht. Als es regnete, lachte ich. Meine Kameltreiber beteten. Ich lachte laut, weil ich nicht beten konnte. Man hat noch nie einen Mohammedaner im Gebet gestört. Ich tat es. Hier, in der Wüste, fern von Sodom, aber doch nahe Gomorrha, begriff ich erst die Gewalt des Goldes. Und ich lachte maßlos laut. Dann trieb meine Knute die Frommen auf. Durch die Wüste. Durch die Wüste! Ich wollte immer vom ewigen Horizont umgeben sein. Ich wollte im Wüstensand baden, Sonne trinken und Stürme einatmen. In einer Oase hielten wir Rast. Wochenlang. In der Nähe hausten ein Löwe, eine Löwin und ein Tiger. War der Löwe in der Wüste, brach die Löwin mit dem Tiger die eheliche Treue. Der Löwe merkte nichts, da sich die Löwin allabendlich, bevor er heimkam, in der Quelle abwusch. Das hatte ich belauscht. Aus Unrast tat ich Böses. Du schändest die Natur, du beleidigst Gott, wenn du Tiere zu menschlichen Handlungen verleitest! Eines Tages ließ ich die Quelle mit Steinen vermauern. Die Löwin kam. Die Löwin stutzte. Sie scharrte; sie wühlte die Erde auf. Sie ging auf und ab. Immer schneller. Sie suchte. Auch ich suchte! Ihre Augen funkelten. Ihre Augen wurden glanzlos. Sie keuchte. Sie war abgehetzt und müde. Sie legte sich hin. Der Tiger kam, sah sie und sprang gegen die Mauer. Sein Kopf blutete. Er lief zurück, nahm Anlauf und sprang wieder gegen die Steine. Sie wichen nicht. Zum drittenmal wiederholte der Tiger seinen Versuch; er war schon recht matt. Mit ungeheurer Wucht schnellte er gegen die unbarmherzige Steinwand. Mit zerschmettertem Schädel brach er zusammen und verendete. Liebe und Verzweiflung in den Augen, hatte die Löwin zugeschaut. Beim drittenmal hob sie schwach die linke Tatze; diese war kaum zu Boden gesunken, als ihr Tiger schon tot war. Da trat der Löwe aus dem Gezweig. Erst brüllte er; sie wollte weichen, vermochte es aber nicht. Dann wurde er plötzlich still. Er war geduckt zum Sprung. Seine fragenden Augen suchten Antwort; jetzt bei dem toten Tiger, jetzt bei der zitternden Löwin. Er hob den Kopf; seine Nüstern bebten und sogen fremde Luft ein. Dann sprang er und zerriß sie. Hernach legte er sich in die Mitte zwischen Tiger und Löwin und blieb lange so, den Kopf seinem Weib zugewandt. Bei Anbruch des Morgens lief er still und langsam in die Wüste hinaus. Er kam nicht mehr zurück. Ich dachte lange an dieses große Erlebnis. Ich hatte dabei fast meine Unrast vergessen. Bald hörte ich in der Nacht Geheul; die feigen Wüstenhunde umkreisten die

Oase. Da peitschte ich meine Leute und ließ noch in der Nacht für den Tiger und die Löwin ein Steingrab errichten. Am Morgen ergriff wieder Unruhe mein Herz. Ich peitschte abermals die Kameltreiber; wir brachen auf. Durch die Wüste! Ihr Menschen, ihr Kameltreiber! Ihr Tiere, ihr Kamele! In einem arabischen Dorf kam ein Jude zu mir. Er grinste. Ich beachtete ihn nicht, da ich im selben Augenblick gebot, Zelte aufzuschlagen. Er wich nicht. Er flüsterte mir ins Ohr. Nicht wissend, was er von mir wollte, nickte ich zustimmend. Er eilte weg. Als er wiederkam, führte er ein Weib mit. Sie war schön wie ein Tier. Ich schaute auf. Sie sah mir in die Augen, dann senkte sie langsam ihr Haupt. Ich warf dem Kuppler einen Beutel mit Silberlingen zu. Der Alte fiel zu Boden und wollte meine Füße küssen. Ich gab ihm einen Tritt. Da küßte er voller Inbrunst den Beutel. Ich faßte das Weib an der Hand und ging mit ihr ins Zelt. Ich habe sie nie berührt. Nach Monden brachen wir auf. Das Weib weinte, als ich weiterzog. Ich sah kaum zurück. Einen Augenblick überlegte ich, ob ich ihr mein Katzenfell, gefüllt mit Gold, zuwerfen sollte. Sie folgte mir. Ich ritt an einem Brunnen vorüber. Sie folgte mir. Da warf ich die Goldkatze in das tiefe Wasser. Dann zogen wir wieder durch die Wüste. Eine kleine Karawane. Eine Karawane der Friedlosigkeit und Unrast. Ihr Schluchzen hörte ich noch, als ich nach Wochen in einem afrikanischen Hafenort ein Kauffahrteischiff bestieg.

Lange fuhr ich auf dem Meer. Heulte des Nachts der Sturm; ward ich ruhiger. Nur im Aufruhr der Elemente fand ich Frieden. Aber auch aus dem Wind hörte ich das Wort: Wer? Ich rannte auf Deck auf und ab. Ich stürzte in die Kajüte, ergriff meine Koffer, eilte hinauf und schüttete alles in die See. Dann lachte ich. Es klang tonlos, daß selbst der Sturm betroffen schwieg. Und weit hinaus auf dem nächtlichen Meer wurde das tonlose Gelächter gehört. Meine Unrast war groß. Meine Unrast war so groß, daß ich nicht mehr verzweifeln konnte. Jeder auf dem Schiffe mied mich. Ich war allein mit meinem Gelächter. In Singapur legten wir an. Alle Fahrgäste stiegen aus. Sie schienen sehr zu eilen. Der Kapitän sah mich erwartungsvoll an; ich bemerkte Unruhe in seinem Blick. Diesmal lachte ich nicht, diesmal lächelte ich bloß. Ich zählte langsam, beinah grausam langsam zehn Golddukaten auf den Boden des Decks hin. Dann war Schweigen. Ich blieb. Und wieder segelte das Schiff auf offenem Meer, und wieder war Sturm, und wieder war Gelächter. Tonloses Gelächter. Jeder Nerv in mir zitterte, jeder gebrochene Ton des Windes schrie rauh und grundlos: Wo ist der Mann, der mich ansah? Ich konnte keine Antwort geben. Ich konnte nur lachen. Die Mannschaft gewöhnte sich an mich. So oft wir in den Hafen einbogen, zahlte ich. Darum blieb ich auf dem Schiff. Jahre. Ich habe die Weltmeere nach allen Richtungen durchkreuzt. Ich weiß, das Meer ist groß, weit, ohne Ende. Größer aber und unendlicher ist meine Unrast. Einmal, in einer stürmischen Nacht glaubte ich ihn vorn auf Deck zu sehen. Ich vergaß ihn für einen kurzen Windstoß lang, so gingen mir die Augen über. „Du!" schrie ich, wilder und jauchzender als der brüllende Orkan und stürzte vor. Es war der Steuermann. Ich fiel hin. Als ich aufwachte, waren Wochen vergangen. Ich hatte das gelbe Fieber überstanden. Ich war geschwächt; ich wurde ans Land gebracht. Während ich in dem kleinen Boot dem Hafen zufuhr, bestürzte mich mein Schicksal mit jener furchtbaren Frage. „Wer?“ schrie ich laut auf; ein Chinese nickte freundlich. Ich war in Hongkong.

Ich sprach nicht chinesisch. Ich wurde immer verstanden. Gold ist die einzige Völkersprache. Ich kaufte mir einen Palast; seine Einsamkeit tat wohl. Hier lernte ich das Weib der Erde kennen. Ich hatte Sehnsucht, unbewußte Sehnsucht. Fern ahnte ich, daß meine ewige Frage betäubt würde, wenn ich ein Weib fände. Die Augen meines chinesischen Dieners strahlten beim Aussprechen ihres Namens. Ich habe ihn schon vergessen. Er war nicht alltäglich. Nicht alltäglich war auch der Augenblick und der Ort, an dem ich sie zuerst sah. Der Diener verneigte sich, der Diener sprach und ging voraus. Ich folgte. Die Chinesenstadt war abscheulich und märchenhaft. Er ging voraus. Ich folgte. Da breitete sich ein weites Feld aus. Stoppeln standen bestimmt und schmerzten nackte Füße. Viele Leute waren da, große und kleine, junge und alte, gute und böse Chinesen. Sie hatten alle ernste Gesichter. Jetzt fiel mir erst auf, daß nur Männer hier standen. Kein Weib war zu sehen. Die Mitte war leer. Da blieb mein Diener stehen; seine mir zugeneigte Gebärde hieß mich warten. Ich stand und sah geradeaus. Da tönte ein Gong. Alle reckten die Hälse; in den Kreis trat eine Schar. Ein Greis führte sie. Alle wollten ihre Hände erheben und Beifall klatschen; sie ließen sie aber lautlos wieder sinken. Mein Atem ging schwer; ich wußte nicht, warum. Da hob der Greis die Hand und trat beiseite; wir sahen seine Begleiter: Jünglinge; sie waren blind. Sie stellten sich auf, in eine Reihe. Dann standen sie still. Ein Gong schlug. Dann riefen drei Tuben. Und plötzlich trat ein Weib in den Kreis. Alle erhoben ihre Arme und schrien laut. Sie war fast nackt, sprang hoch und tanzte. Langsam. Ich schaute ihr Gesicht; ihren Körper. Sie sah eher europäisch aus, denn asiatisch; ihre Haut war weiß. Ihr Antlitz glich dem unbeschreiblichen südlichen Wind. Volle Ruhe herrschte. Kein Laut war zu hören. Nur ein Gesicht war: ihr Tanz. So tanzte sie, daß jenes graue Stoppelfeld, das sie mit ihren blanken Füßen küßte, einem samtenen Teppich gleich sah. Wir waren stumm und wußten es. Wir konnten uns vor Begeisterung nicht bewegen. Wir waren Stein. Da drang ein Laut aus dem Munde des Greises. Wir schauten auf; wir folgten dem Blick des Alten. Dieser fiel auf die Jünglinge. In unsern Augen standen Tränen. Der Bann war gewichen. Wir hoben die Arme zum Himmel empor und schrien laut: Die Jünglinge waren sehend geworden. So hatte das Weib der Erde getanzt. Nun weinten sie unbekümmert still und heftig. Mein Diener klopfte an meine Wade, ich erschrak und hörte: „Herr, laßt uns gehen, der Tanz ist zu Ende!“ Da neigte ich mein Haupt und folgte dem Diener fassungslos und stumm. Es war ein kurzer Augenblick des Glücks gewesen; ich hatte schier die rohe Frage vergessen: Wer? Wer? Sie klang jetzt wohl mit dem gleichen Wort: Es war aber nicht mehr Bedrängnis und Leid, es war Hoffnung und Ruhe. Tränen standen in den Augen meines Dieners; die Bewegung seiner Hand schien Erfüllung zu verheißen. Dann stand sie vor mir, das Weib der Erde. Ich habe sie sehr geliebt. Was ist es nur, daß ich ihren Namen vergessen habe?

Nur kurz war die Zeit meiner Ruhe. Eines Tages kam sie nicht mehr. Vielleicht hatte sie jemand getötet. Vielleicht hatte einer bloß mich getötet. Finster waren die folgenden Tage. Mein Diener wußte nichts. Ich ließ sie suchen. Nichts. Niemand brachte mir Nachricht von ihr. Auch für Gold nicht. Sie blieb verschollen. Ich war allein. Und wieder kam die alte Frage: Wer? Meine Unrast war mein ewiger Begleiter. Ich bin der Verdammte, weil ich der Gehetzte bin. Gehetzt bin ich, weil ich nicht weiß warum. Und auch nicht weiß diese Frage, die Erde ist und Sturm zugleich: Wer?

Ich zündete meinen Palast an. Er brannte nieder. Als nichts mehr war, lachte ich auf wie damals. Es klang tonlos. Mein Diener schluchzte und ging fort. Wieder war ich allein in der Welt mit meinem Gelächter. Hätte ich geklagt und Asche auf mein Haupt gestreut, es wäre unnütz gewesen. Das wußte ich. So warf ich Gold unter die Leute und machte die Menschen böser, als sie waren. Ich wanderte. Ich war ein Bettler. Ich war ein reicher Bettler. Ich wanderte durch Asien. Ich ging auf ein Schiff. Ich fuhr übers Meer. Ich landete in Australien. Ich wanderte durch Städte, über Gebirg hinweg, durch weite Ebenen. Immer ging jemand mir zur Seite. Meine Unrast und meine Frage: Wer? Des Nachts schlief ich in Einöden, deckte mich mit meinem Gelächter zu. Alle Tiere, auch die wilden, mieden mich.

Die Landstraße führte aus dem Wald hervor und war dunkel. Die ganze Nacht schritt ich durch; gegen Morgen hätte ich gern ein Kruzifix geküßt. Ich hatte aber keines; nur ein zerrissenes schmutziges Tuch und einen harten Knotenstock. Ein Widerstand versperrte mir den Weg. Dumpf pochte ich an das eichene Tor. Hier war unter der Klinke ein wurmstichiges Loch im Holz. Da griff ich an die Stirn, mein Atem ging schneller, meine Augen weiteten sich. Ich pochte laut und ungeduldig. Der Torflügel ging auf. Ich stützte mich auf meinen Knotenstock und sah geradeaus. Das war das Haus. Ein Diener stand da. Er fragte nicht. Einen zerfetzten Gauch braucht auch keiner zu fragen. Man wartet, bis er selbst bittet. Ich schaute lange durch das Dunkel der Tür; dann schritt ich plötzlich fest ein, warf keinen Blick auf den Diener, sah geradeaus, immer geradeaus. Hart und bestimmt sprach ich: „Das ist mein Haus.“ Da erkannte mich der Diener an der heftigen Gebärde. Er streckte die Arme empor, drehte sich um, lief und rief: „Der Herr ist gekommen, ihr da hört, unser Herr ist gekommen!“ Sie eilten alle herbei und weinten. Da erfaßte mich Ekel. Denn ich, der sie immer geschlagen hatte, ich, der jetzt kam wie ein Landstreicher, ich war der Tränen um mich nicht wert. Mein Auge ward böse. Sie wichen zurück und gehorchten. Ich schritt ein in mein Schloß. Ich wusch mich rein vom Schmutz der Landstraße, der Erde und der Jahre. Als ich aus dem Wasser stieg, sah ich mit Verachtung auf das Bündel meiner Demütigung hernieder; dann war ich in neuen Gewändern. Wieder gingen die Diener scheu. Wieder war eine irrsinnig leise Tätigkeit im Hause. In den Gemächern und auf den Gängen war mehr Schatten als Helle. Alle Tage war das so. Ich saß in dem großen schwarzen Zimmer auf dem grün gepolsterten Lehnstuhl. Ich sah starr vor mich hin. Ich träumte allein; es war leblos und still im Raum. Ich hatte einen neuen Willen und eine neue Gewalt. Ich wollte nicht mehr daran denken. Ich wollte nichts denken. Des Nachts saß ich auch auf diesem Stuhl. Die bösen Mächte schienen keine Macht zu haben über den, der da im Grünen saß. Eines Morgens weckte mich eine Fliege aus meinem grenzenlosen Schlaf. Ich schlug zu. Sie fiel tot zu Boden. Ich war plötzlich ganz wach und ängstlich. Ich hatte noch nie ein Tier getötet, und mein Blick erstarrte. Es kam ein Bewußtsein über mich, das nicht schrecklich war und auch nicht gut. Hernach kam mir der Gedanke, daß dieser Mord die frühe Vorausahnung späterer Morde sein müsse. Es war mir auf einmal, als stünde ich in dunkler Nacht am Meeresstrande: Ich hörte den Sturm heulen, aber Nacht lag vor meinen Augen. Ich sah das Meer, das dunkle tobende Meer nicht; ich wußte nur, es war da, ganz nahe. Ich hätte jetzt gern geweint. Ich konnte nicht. Ich wollte lachen. Ich konnte nicht. An diesem Morgen sah ich keine Sonne; nur Nebel drückte sich an die Scheiben und machte den Tag grau. Immer pocht mein Herz im Herbst so bang. Warum nur? Ich saß wie gebrochen im Lehnstuhl und sah vor mich hin. Ich wußte nichts. Ich weiß nichts. Wenn man jenes Wissen, eine Fliege getötet zu haben, als Wissen nehmen will, dann weiß ich viel.

Eines Tages sahen mich die Diener fremd an. Das war ein Tag. Am zweiten blickten sie frech. Ich wies sie zurecht. Sie lachten. Dann trat plötzlich ein Mann mit einer grünen Mütze ins Zimmer. Er nahm aus einem Bündel Papiere ein Schriftstück und reichte es mir. Sein Gesicht war nicht sanft, nicht böse. Er lachte nicht, er weinte nicht. Weder war Unmut noch Zufriedenheit aus seinem Blick zu deuten. Ich nahm das zusammengelegte Papier, entfaltete und las; im Augenblick hatte ich nicht einmal Kraft zum Erstaunen. Dann fiel es nieder. Ich wollte schreien, brachte jedoch keinen Laut über meine bitteren Lippen. Mein Auge sah geradeaus, ins Schwarze des Nichts hinein. Langsam begriff ich: meine Schulden waren größer als mein Besitz. Alles Bargeld erschöpft. Ich war arm. Ich war ohne Haus. Das wußte ich. Ich stand auf und sagte: „Ja!“ Dann leiser: „Nehmt, was euer ist.“ So ging ich.

Boleslav hauste unweit des Schlosses in einer Köhlerhütte. Langsam schritt ich durch den Wald. Ich hatte keine Gedanken, Ich hatte alles vergessen.

Mein Hirn war ausgelöscht. Da stand Boleslav vor mir. Schwarz von Angesicht, den Kittel beschmutzt. Ich hatte ihn früher beschimpft und geschlagen. Jetzt war ich stumm. Denn bitten konnte ich noch nicht. Boleslav fiel nieder und küßte meine Füße. Ich wies auf die Hütte. Er stand auf und ging demütig voraus. In der Hütte brannte ein Feuer. Es roch nach Rauch, Harz, verbrannten Fichtennadeln und Wild. Er machte mir ein Lager zurecht. Nun reichte er mir Fleisch und Obst. Ich schüttelte das Haupt, warf mich auf die Spreu und schlief ein. Im Schlaf hörte ich eintönige Laute, als betete jemand. Ich habe mich nicht gesehen, aber ich muß verzweiflungsvoll und unbewußt aus dem Schlaf gelächelt haben. Am Morgen gab mir Boleslav warme Kuhmilch. Ich trank. Dann ergriff ich seine schmutzigen Hände, küßte sie und weinte. Boleslav schien das nicht fassen zu können, nahezu entsetzt sprang er auf und rief: „Herr, Herr, was tut ihr?“ Ich wußte kaum, was ich sprach, doch auf einmal fühlte ich nach langer, langer Zeit eine haltlos freie Seligkeit und immer und immer wieder sagte ich: „Komm, weine mit mir. Weine mit mir, denn es sind viele Jahre vergangen, daß ich nicht mehr geweint habe. Immer wollte ich weinen, aber nie vermochte ichs. Boleslav, gib mir deine Hand! Du bist gut. Ich habe dich geschlagen, tat ich dir weh? Sieh, ich wußte es nicht, sonst hätte ich es nicht getan: Dann beugte ich mich zu ihm nieder und flüsterte geheimnisvoll.“ „Weißt du, hätte ich damals weinen können, so hätte ich dich auch nicht geschlagen. Jetzt kann ich weinen! Weißt du, was das heißt?“ Meine Stimme erstickte vor Freiheit: „Jetzt kann ich weinen, Boleslav, freue dich, weine mit mir!“ Boleslav wußte nicht, wie ihm geschah. Er stammelte ratlos und unbeholfen: „Herr, Herr, Herr . . .“ Plötzlich schien ihm etwas einzufallen; er sprang auf und brachte eine Schüssel mit Wasser herbei. Ich tauchte meine Hände ins Wasser und benetzte mir Augen und Stirn. Ein Pferd wieherte in der Nähe. Boleslav lief hinaus. Ich weinte nicht mehr. Denn ein mir neuer Gedanke brach über mich herein: Es gibt Menschen auf der Welt. Nein! das will ich nicht denken. Denn sonst käme abermals jene Frage und früge: Wer? Boleslav trat wieder in die Hütte. Boleslav war ein guter Mensch. Ich blieb.

Ich half dem Köhler und Knecht Boleslav bei der Arbeit. Ich spaltete Holz. Ich blies Feuer an. Ich wusch den Kessel. Ich molk die Kuh. Ich half ihm die Pferde bewachen. Geweint habe ich nach jenem Morgen nicht mehr. Zeit verging. Ob es Jahre oder Stunden waren, wußte ich nicht. Boleslav war nicht mehr unterwürfig zu mir. Manchmal sah ich in seinem Blick etwas Lauerndes, das sogar herrschend wurde, weil meine Augen nicht mehr befahlen. Rief ich: „Boleslav!“ so murrte er mitunter. Ja, er wagte es, mich bei meinem verfluchten Namen zu rufen. Die Jahreszeiten wechselten. Meine Haut wurde hart wie Leder. Einmal wollte ich mich auf eines der Pferde schwingen und in den Wald reiten. Da rief mich seine Stimme zurück. Ich hörte nicht. Da lief Boleslav mir nach, zerrte mich an meinem Bein vom Pferd herunter und schlug mich. Voller Wut schlug ich zurück. Wir wälzten uns am Boden. Meine Kräfte waren zu schwach. Er schlug mich lange, bis ich nichts mehr spürte. Dann warf er mich in ein Erdloch, in dem er früher Schweine gehalten hatte. Ich weiß nicht, warum mich Boleslav überfallen hat. Vielleicht hatte er in jenem Augenblick gefühlt, daß ich nicht mehr Herr sei, und alle seine Demut hatte sich in feige Wut verwandelt. Boleslav hielt mich viele Tage in dem Loch eingesperrt. Ich war allein. Nur Erde um mich. Heraus konnte ich nicht, denn die Zauntür war aus starken Ästen gemacht. Doch ich war nicht allein! Auf meiner Hand kroch eine Fliege. Ich sah und sah und sah. Tränen drangen mir aus den Augen, warm und gut. Ich war nicht allein mit der Erde! Eine Fliege war hier, bei mir und teilte mein Leid. Kein Mensch weiß, wie beglückend es ist, im Alleinsein, in der Einsamkeit ein alltägliches Tier zu finden. Ich weiß es. Gute Fliege. Als mir eines Tages Boleslav Wasser und Obst hereinreichte, rief ich leise: „Boleslav.“ Da ließ er mich frei. Aus Dankbarkeit machte ich ihm in der Hütte ein großes Feuer an. Am Morgen nahm ich Früchte und gedörrtes Fleisch, hing mir eine tönerne Flasche mit Wasser um, gab Boleslav die Hand und ging.

Da war die kleine Stadt mit dem Rohrbrunnen am Markte. Bei einem Küfer ward ich aufgenommen. Ich las ihm nach Feierabend aus der Bibel vor. Tagsüber half ich seiner Frau, wusch die Kinder und tat Dienst wie eine Magd. Am Sonntag schrieb ich dem Meister die Rechnungen der Woche. So diente ich meinen Mitmenschen für karge Speise und Wohnung. Ich suchte alles zu vergessen. Ich dachte an nichts. Mein Leben war gerecht; wenigstens nicht ungerechter als das der andern. Brannte des Nachts in meiner Kammer die Unschlittkerze, sah ich in die Flamme, lange. Und ich sah Feuer, nichts als Feuer. Nicht mehr traten mir aus der Flamme Schemen, fremde vergessene oder irgendwo verlorene Gestalten entgegen. Keine Frage wollte beantwortet sein. Ich konnte sagen, ich war beinahe frei. Das tat ich auch jede Nacht, statt ein Gebet zu sagen. Dann löschte ich das Licht aus. Leute rannten. Tore und Fenster wurden aufgerissen. Glocken läuteten. Dann wirbelte die Trommel ihre Kriegsweisen. Ich hörte das und lachte, lachte, lachte. Dann schrie ich laut durch das ganze Haus: „Nein, nein, nein!“ Ich rannte zum Markt. Ich vertrieb am Rohrbrunnen die Weiber mit meinem Geschrei. Ich lief zurück. Treppauf in meine Kammer. Dort schlug ich eine Scheibe ein. Dann hinunter, dann wieder hinauf. Das Hirn schien mir aus dem Kopf zu weichen, als mein Meister mich fragte: „Wann meldest du dich bei deiner Fahne?“ Mein Gelächter war wie Ochsengebrüll; dann ward ich plötzlich still. Ich hörte mich nur atmen. Wieder rannte ich die Holzstiege empor in meine Kammer. Oben sank ich auf mein Bett und sagte immer nur vor mich hin: „Ich will nicht spielen, ich will nicht! Hinweg mit der Karte des Königs! Hinweg!“ Dann tönte es an meine Ohren, höhnend und dumpf: „Du mußt, du mußt!“ Ich hielt es hier nicht aus. Eine Hand mit Spielkarten sah ich vor meinen Augen auftauchen und wieder verschwinden. Ich stürmte aus dem Haus, lief durch die Stadt in die Felder hinein. Die Karten! Die

Karten! Immer im Kreise um die Stadt. Die Hand mit den Karten wich nicht. Der Mond ward hell; der Mond war schon bleich geworden, als ich keuchend wiederum vor dem Hause des Küfers stand und langsam, sehr langsam die Stiege zu meiner Kammer emporkletterte. Ich war müde, fand aber keinen Schlaf. Nur ein lebender Traum schwand nicht. Die Hand kroch herauf wie ein großer mißgestalteter Käfer, ließ die Karten auf meine Bettdecke fallen, und eine Stimme rief, ohne zu tönen: „Spiele!" — „Ich will nicht!" schrie ich auf. — „Du mußt. Der König will es!" und die Karte mit dem König ward riesengroß im Raum. — „Gelobt sei der König, aber ich habe nie Karten gespielt, ich will nicht!!" Die Karten schienen mir auf einmal zu lachen, aber kalt und hart, wie das Lachen des Gesetzes. Es war schrecklicher noch als tonloses Gelächter. So würde das Gesetz gewiß lachen, wollte einer, der zu einer Mordtat vorbestimmt ist, entweichen, mit seinem Leben entweichen wie ein Deserteur, noch ehe er die Tat begangen. Da würde das Gesetz lachen, ohne Geräusch. Auch die äußere Geste würde das Gelächter nicht verraten. Dennoch wüßte jeder: Hier lacht jemand. Genau so lachten jetzt die Karten. Dazwischen drangen Befehle: „Spiele! Auf dieser Seite ist der König; auf deiner der Landsknecht! Hier wird befohlen, dort gehorcht. Gehorche also und spiele mit!" „Nein, nein!" meine Stimme war ganz leise geworden. — „Los!" ertönte es von der Gegenseite. „Hier sind die Karten, du mußt spielen!" — „Muß ich?" fragte nicht ich, sondern eine andere Stimme aus mir heraus. „Du mußt!" Dann sank ich in traumlosen Schlaf. Und die Schritte dröhnten genau und überraschend kurz. Die Trommel klang dumpf. Die Pfeife schrill. Und sie marschierten vorüber. Die Sonne ging auf und schien durchs Fenster. Mürbe und schwach erhob ich mich. Da sank ich wieder zurück aufs Bett. Ein Gedanke wurde übermächtig in mir: War Frieden und alles geordnet, fand ich ihn nicht. Jetzt war Krieg, wo alles durcheinandergeht, wo die Zahl sich auf den Kopf stellt und der Fisch aufs Land springt, die Feldmaus aber ins Wasser; jetzt kannst du auch ihn finden. Du kannst ihn als Krieger finden. Vielleicht wird er dir als Feind gegenüberstehen. Du kannst ihn durchbohren, denn es ist sogar deine Pflicht. Es wird dir befohlen. Er kann aber auch dich töten, denn auch ihm wird es befohlen. Alles gleich. So oder so, in jedem Fall wirst du von ihm frei. „Reicht mir die Karten! Ich spiele!"

Die Erde drehte sich schneller. Stürme und Wolken waren unheimlich. Das Mondlicht schien sonnig, die Sonne kühl wie der Mond. Bäume und Steine waren zerfetzt. In der Luft war Rache ohne Grund. Horizonte bluteten, Gebirge rauchten. Flüsse waren heiß; die Menschen kalt und feindlich. Der Bruder sagte zum Bruder „Satan!" Und hatten doch beide vorher Milch von einer Kuh getrunken. Ich zog mit. Das Schrecklichste, was Menschenaugen sehen können, sah ich. Ich zog mit. Vorne tobten Schlachten. Rückwärts kamen wir noch, als Gehilfen des Arztes; es war hier noch entsetzlicher als vorn. Ich sah das alles; ich hoffte nicht, und ich verzweifelte auch nicht.

Wochen vergingen so; Monate. Ein Jahr. Zwei Jahre. Kein Ende, kein Anfang. Städte, Dörfer, Länder wechselten mit Soldatengeschrei, Kugellärm, Verfolgungen. Wohin wir kamen, war Verzweiflung und Tod. Ich habe erlebt. Da saß der alte Mann; bei seiner zerstörten Hütte. Schon vor zwei Jahren war er hier gesessen, als die Russen das Dorf verlassen hatten und wir eingezogen waren. Weib und Kind hatte ihm der Krieg genommen. Sein Haus war tot. Nur er war übrig geblieben, er und seine Kuh. Er saß da und hielt die Kuh an einem Strick. Dann wichen wir. Und kamen wieder durchs Dorf. Noch immer saß er da. Bei seiner Kuh. Manchmal stand er auf und holte ihr Futter. Ohne Dach, bei gutem und schlechtem Wetter saß er da und bewachte sie. Nun saß er wieder da. Bei seiner Kuh. Noch immer an der selben Stelle. Wie oft wohl mögen an ihm Freund und Feind vorübergezogen sein? Heute die, morgen die. Er saß da mit seiner Kuh. Gute und schlechte Menschen marschierten an ihnen vorbei. Die Guten sahen die Zwei an, die Schlechten sahen beiseite. Niemand tat dem Greise etwas; auch nicht seiner Kuh. Ringsherum war Verwüstung und Tod. Nur die beiden blieben. Ein Mensch und ein Tier. Ein Mann und ein weibliches Tier. Als Gewalt des Lebens, als Ruf der unzerstörbaren Natur. Jetzt reichte er seiner Kuh Futter. Sie fraß. Der Alte hatte kindliche Freude; er strich ihr mit der zittrigen Hand kosend über das Fell. Sein Blick war leuchtend und unmenschlich gut. Und dauert der Krieg bis ins Endlose, die beiden werden hier siegen und still auf Hoffnung warten. Sie werden den Krieg überleben. Der Mann und die Kuh. Der Mensch und das Tier. Schwer ging ich weiter. Viele Menschen hatte ich in dieser Zeit gesehen. Menschen vieler Völker; Menschen ohne Hoffart, ohne Trost. Dennoch fand ich nie den, den ich suchte. Immer war ich ruhelos. Meine Kameraden verspotteten mich. Der Feldscher zog mir allabendlich die Mütze mit Gewalt ins Gesicht und lachte mit den anderen unbändig. Ich nicht. Ich verband die Verwundeten und lachte nie. Und das war der Karst. Hier in dem slowenischen Dorf waren wir vor der Schlacht. Ruhig waren die Menschen, als gäbe es keinen Krieg. Bis dann die grausame Nacht kam, die groß in Vernichtung war. Im Sturmschritt rückten wir an. Wir, die Blessiertenträger waren mit vorn. Dann, nach Wochen zogen wir zurück. Das Dorf war nicht mehr. Nur Trümmer und Rauch. Da sah ich das Furchtbare. Von jedem Haus war irgend ein Rest geblieben. Hier eine halbe Wand, dort die Grundmauern, in der Mitte Schutt und Balken. Steine und Holz, Holz und Steine in der qualvollsten Unordnung. Und oben der Himmel. Plötzlich wollte ich aufschreien; der Laut blieb mir im Mund stecken wie ein qualmender Pfahl. Überall, wo vorher die Häuser gestanden, hier und dort, und dort und hier saßen Katzen. Sie rührten sich nicht vom Fleck. Es waren schwarze Katzen, halb verhungert, schwarze Skelette. Nur ihre Augen glommen wie kleine unlebendige Feuer. Sie lebten nicht und waren nicht tot, sie waren tot und lebten doch: Sie waren wahnsinnig. Langsam kletterte ich über die Trümmer. Die Katzen wichen nicht, bewegten sich nicht. Wie stumme, schwarze Anklagen gegen alles Menschliche saßen sie hier und starrten: Die letzten Grundpfeiler des Hauses. Als ich an dem äußersten Schutthaufen vorüberkam, waren mir die Knie schwer wie Blei geworden. Ich wollte nicht aufsehen; dennoch fühlte ich einen Blick auf mich gerichtet und sah in die irren Augen einer Katzenmutter; an ihrem Unterleib lagen zwei Junge. Die Augen der Kleinen blickten ebenso alt und irrsinnig wie die der Mutter. Da warf ich, mit Mühe schneller keuchend, den Tieren ein Stück Brot zu. Sie rührten sich nicht. Ich kam zu meinen Kameraden, wollte ihnen das Entsetzliche erzählen und war — stumm. Sie lachten. Ich schwieg, weil ich schweigen mußte. Dumpf schlug die Trommel, dumpfer schlug die Trommel, der Krieg, der Krieg, er wurde nicht besiegt. Ich verband die Verwundeten und schwieg. Eines Tages, es war im dritten Jahre des Krieges und zur Novemberzeit, gerieten wir in feindliches Feuer. Man verfolgte uns. Wir flohen. Auch ich. Viele hetzten mich. Ich lief über die Felder wie ein Hase. Da spürte ich Schmerz. Schwarz wurde mirs vor den Augen. Ich fiel und blieb liegen. Als ich aufwachte, war alles um mich fremd. Sprache, Menschen, Raum. Ich konnte nicht reden. Langsam faßte ich. Das war ein Bauernhaus im schmutzigen galizischen Dorf. Die Leute waren teilnahmslos gut zu mir. Ein Schuß durch den Hals war meine Verwundung. Sie war leicht. Ich saß vor dem Haus in der Sonne. Nicht weit von mir war Geschrei und Pferdegewieher. Eine Schwadron lag hier im Dorf. Die Tiere hatte man in den Höfen und Ställen der Nachbarhäuser untergebracht. Vor mir lag ein weiter Hof mit einer Tränke. Eben wurden mehrere Pferde hingeführt. Da ertönte ein Hornsignal. Eine Abteilung von Fußtruppen marschierte die Straße herauf. Nun kamen die Soldaten näher, nun waren sie da, nun waren sie vorüber. Da hörte man einen Aufschrei, kurz und freudig. Einer der Soldaten, der unter den Letzten schritt, sprang aus der Reihe, lief zur Tränke, hin zu den Pferden, umhalste eines und drückte seinen Kopf an den Kopf des Tieres. Dieses vergaß zu trinken und wieherte laut. Die Abteilung hielt. Ein Korporal trat an beide heran, an den Mann und an das Pferd. Er fragte barsch. Der Soldat ließ nicht von dem Tier. Tränen strömten über sein schmutziges Gesicht, seine Stimme aber war frisch: „Mein Pferd. Das ist mein Pferd. Vor Jahren, als der Krieg kam, nahm man es mir weg. Hier steh ich auf fremder Erde; hier steht mein Pferd auf fremder Erde und trinkt fremdes Wasser. Nun freuen wir uns beide, daß wir noch leben. Denn unsere Heimat ist weit. Und dies ist mein Pferd!“ Das Tier wieherte glücklich; seinen Schweif schlug es hin und her. Nun sah ich in das Gesicht des Soldaten. Ich erkannte ihn und rief: „Boleslav!“ Boleslav ließ von dem Pferd ab und blickte nach der Richtung, woher der Ruf gekommen war. Ich hatte die Sprache wiedergefunden, erhob mich und ging auf ihn zu. Da erkannte auch er mich. Er fiel nieder, weinte und sprach: „Herr, Herr, Herr . . .“ er konnte nicht weiter. Dann starrte er plötzlich ins Leere und sagte leise: „Warum erinnert mich in dieser Stunde auf einmal alles an meine Heimat? Ist das ein Zeichen?" Dann rief der Korporal: „Auf!" Boleslav gab mir noch schnell die Hand, umhalste das Pferd, lange, und trat dann schnell in die Reihe. Schon marschierten sie. Das Pferd hatte den Kopf den ihren Weg ziehenden Soldaten zugewandt und blickte ihnen nach, bis sie nicht mehr zu sehen waren. Es blieb noch lange so, ohne Laut. Die andern Pferde tranken. Es trank nicht.

Dann war eines Tages Geschrei. Die Bauern liefen aus ihren Häusern. Die Husaren schlugen aus Freude die Pferde. Dann bliesen Trompeten. Die Trommel klang hell. Der Krieg war aus. Ich schnürte das Bündel. Meine Wunde war geheilt. Ich schenkte den Wirtsleuten mein Bajonett, meinen Lederriemen und meine Soldatenmütze. Ich setzte mir einen Bauernhut auf, aus Bast geflochten, und ging. Ich schloß mich auf der Landstraße andern Soldaten an, die heimzogen. Lange marschierten wir, viele Tage, bis wir zur Bahn gelangten. Die andern freuten sich. Ich war eher bedrückt. Meine Unruhe steigerte sich, je näher wir der Stadt kamen. Und dann war auch diese da, und auch ich war da und stand vor dem Bahnhof. Niemand grüßte mich. Ein Polizist fuhr mich an. „Hier dürfe man nicht herumlungern", das war der Satz, den ich verstand. Ich ging weiter. Durch die nächsten Straßen. Das war also die Stadt, in der ich vor Jahren jenen furchtbaren Menschen gesehen hatte. Ich blickte den Vorübergehenden frech ins Gesicht. Es nützte nichts, er war nicht darunter. Ich fühlte Hunger. Ich hatte kein Geld. Das letzte, was ich an Essen bei mir gehabt, war aufgezehrt. Daß ich früher einmal reich gewesen, das fiel mir jetzt nicht einmal mehr ein. Irgend ein Spürsinn führte mich zum Rathaus. Ich ging hinein und trat ins Zimmer. Man wies mich in ein zweites. Von dort in ein drittes. Immer so weiter, bis mich im sechzehnten einer eingehender fragte. Ich sagte, ich sei ein entlassener Soldat und kein Deserteur und bäte um Arbeit. „So, also den Feldzug mitgemacht!" ermunterte mich der Mann am Schreibtisch. „Jawohl, an drei Fronten gekämpft," antwortete ich. „Bravo! daß ihr noch lebt, beweist, daß ihr tapfer gekämpft habt!" „Und ich bin auch verwundet gewesen, ja verwundet," sagte ich schnell und wies auf meine Narbe. „Das freut mich," sprach der Beamte, „das freut uns, wir nehmen Euch in unsere Dienste. Ihr seid Straßenkehrer am Novemberplatz. Ihr habt sechs Straßen zu kehren. Eure Nummer ist acht. Hier ist sie. Geht und meldet Euch beim Straßenmeister!" damit reichte er mir eine Karte. Darauf stand groß die Nummer acht. Ich dankte und ging. Aus Freude oder auch aus Verwirrtheit hatte Ich meinen schönen galizischen Hut vergessen. Ich wagte nicht mehr zurückzugehn. Nach stundenlangem Herumirren erfragte ich endlich das Zimmer des Straßenmeisters. Ich klopfte und trat ein. Er war nicht da. Ich setzte mich auf eine Bank und wartete. Einen Hut brauchte ich nicht erst abzulegen, da ich keinen mehr hatte. Groß und einfach saß ich da. Endlich kam der Straßenmeister. Ich zeigte meine Karte. Er nahm sie und schrieb etwas darauf und schickte mich damit in den Nebenraum. Dort gab man mir eine Lederschürze, eine schwarze Mütze mit Stadtwappen, eine Schaufel, einen Besen und einen Schubkarren. Dazu drei Kronen als Lohn. Morgen würde ich sieben bekommen, vier Kronen seien für die Schreibgebühren abgezogen, und übrigens sei ja schon später Nachmittag. Ich grüßte mit meiner neuen Mütze etwas umständlich, packte den Wagen, legte Schaufel und Besen darauf. Dann stieß ich ihn vor mir her, hinaus auf die Straße. Jemand rief mir noch nach: „Am Novemberplatz, Haus Nummer vier, im Hintergebäude links unten beim Keller ist Eure Schlafstelle. Dort seid Ihr mit drei andern zusammen!" „Ja, ja," sagte ich. Der Novemberplatz war nicht weit. Ich fuhr mit meinem Schubkarren die sechs Straßen des Gevierts herauf und herunter. Blieb stehn. In einem Bäckerladen kaufte ich mir ein Laib Brot. Dann kehrte ich. Fuhr weiter. Und blieb abermals stehn. Und kehrte wieder. Ich kehrte absichtlich gewissenhaft und dachte nur an dies. So konnte ich mich wenigstens auf Stunden vor Fragen, vor einer Frage retten, die immer und immer wieder kam. Es war schon Nacht, da war ich gerade fertig geworden. Ich spuckte aus, tat Schaufel und Besen in den Karren. Aus der Tasche nahm ich das Stück Brot, das mir übriggeblieben war und aß es gierig. Dann gab ich dem Karren einen Stoß, und zog ihn hinter mir nach zum Novemberplatz, Haus Nummer vier. Ich fuhr durch den Seiteneingang in den Hinterhof, stellte den Karren an die Mauer und tastete mich in den Keller hinab. Hinter einer Tür hörte ich Männerstimmen. Ich machte auf. Eine Kerze brannte hier auf einem Faß. Drei besoffene Kerle gröhlten und sahen auf mich, der eintrat. „Ich bin der neue Straßenkehrer," sagte ich, meine Stimme bewußt erhebend. „Woher kommst du?" „Von der Straße. Ich habe bis jetzt gekehrt!" „Waaas?" schrien die Männer und sprangen auf. „Bis in die Nacht? Du kehrst zu gut!" Damit drangen sie alle auf mich ein und prügelten mich. Dann lag ich in einer Ecke. Sie in den anderen. Bald schliefen wir.

Die drei Straßenkehrer hatten mit mir Freundschaft geschlossen. Ich kehrte auch ihre Straßen mit. Von früh bis abends. Sie saßen unterdessen in dem Loch und tranken. Ich kehrte gern. Ich kehrte gründlich. Ich sah nichts. Ich hörte nichts. Nur den gewöhnlichen, gleichmäßigen Takt des Kehrens. So dachte ich an nichts. Kam ich abends nach Hause, prügelten sie mich manchmal, manchmal schliefen sie schon den Schlaf der Betrunkenen. Müde schlief ich gleich ein. Nur so hatte ich, mitten in der größten Unrast der Straßen stehend, eine gewisse Ruhe. Eine Ruhe allerdings, die ich in manchen Augenblicken als lauernd fühlte. Aber was machte das. Ich war wenigstens nicht mehr gehetzt. Und das war schon viel. Das war sehr viel. Und ich kehrte und kehrte und kehrte und kehrte. Vierundzwanzig Straßen kehrte ich täglich. Das tat ich nun schon ein ganzes Jahr. Als ich eines Tages nach Hause kam, schrien mich die andern an: „Du bist kein Straßenkehrer! Du bist ein Knecht!" Ich sagte nichts darauf. Mir war alles gleich. „Jawohl, du bist ein Knecht!“ Einer trat dicht an mich heran und schlug mir die Faust ins Gesicht: „Du machst uns Schande. Ein richtiger Straßenkehrer muß saufen. Ein richtiger Straßenkehrer säuft!“ Plötzlich hatten mich alle umringt: „Du mußt saufen! Los! Sauf auch!“ „Sauf!“ schrie der, der mir die Faust ins Gesicht geschlagen hatte und hielt mir die Flasche mit Fusel hin. Und ich trank, mit Ekel erst, dann gierig. Bis ich einschlief. „Jetzt ist er erst ein Straßenkehrer,“ rief noch eine tiefe Stimme. Dann hörte ich nichts mehr.

Ich trank gut. Ich kehrte gut. So wich der Gedanke immer mehr und mehr von mir. Ich war dreckig. Ich spuckte aus. Ich stritt mit dem Wachmann. Es war ja Sommer. Ich lachte, wenn eine Magd Milch verschüttete. Ich kehrte wie wütend und wirbelte dichten Staub hoch, fuhr ein Gemüse- oder Obstwagen vorüber. Ja, mein Staub wurde geradezu fett, kreuzte ein Konditorjunge mit einer schönen großen Torte meinen reinigenden Weg. Ich rief dem Droschkenkutscher Schimpfworte nach. Ich trank. Ich kehrte. Ich trank. Am Sonntag war es besonders lustig. Da gingen wir vier in eine Schänke und blieben dort von Mittag bis in die Nacht. „Die Straßenkehrer!“ riefen die Stammgäste. „Kommt uns kehren!“ schrien die Dirnen und lachten. Wir soffen, wir rauften, wir brüllten. Ich spuckte. Ich war roh zu den Weibern. Darum stieg ich in der Achtung meiner Genossen. „Er ist ein echter Straßenkehrer geworden,“ lachten sie anerkennend und tranken mir zu. Schon das dritte Jahr war das Leben so. Ich kehrte, soff, schimpfte und spuckte. Zur Herbstzeit war ich zwar immer noch ein wenig unruhig; mir war in diesen Wochen das Herz recht beklommen. Ich hatte auch eine Scheu vor den Polizisten, die ich doch sonst nie fürchtete. Es war mir immer, als würde jeden Augenblick aus dem Dunkel jemand auf mich springen und mich verfolgen wollen. Ich kehrte dann kräftiger und spuckte stärker aus. Ich betrank mich mit Willen. Trotz allem kehrte ich gut.

Es war Abend. Ich schob den Karren vor mir her. Da stand jemand im Weg. Klein und zerlumpt. Es war ein Mädchen. Ich stellte den Karren nieder und trat zu dem Kind. Es weinte heftig. „Warum weinst du?“ fragte ich. „Ich habe soviel Läuse und Flöhe.“ „Wäscht dich denn niemand?“ „Meine Eltern sind tot.“ „Was machst du, Wo wohnst du?“ „Ich bettle auf der Straße.“ Da tröstete ich das Mädchen und legte ihm meine Rechte aufs Haupt. Ich hatte keine Angst vor Läusen. „Komm mit mir,“ sagte ich und nahm sie bei der Hand, mit der Linken hob ich den Karren und zog ihn hinter mir. Wir gingen recht langsam. Als wir beim Haus auf dem Novemberplatz angelangt waren, hieß ich das Mädchen warten. Ich ging voraus, um zu sehen, was meine Freunde trieben. Sie schliefen schon. Ich kam wieder herauf und zog das Mädchen mit mir herunter. In der Ecke, wo ich zu schlafen pflegte, machte ich ihr ein Lager. Dann legten wir uns schlafen. Sie schlief an meiner Seite. Ich fürchtete die Flöhe nicht. Am Morgen staunten die andern kaum, als sie das Mädchen sahen. Sie hatten Mitleid mit ihm, als ich ihnen erzählte, wer das Kind sei. Sie wuschen sich nicht. Sie überließen dem Mädchen ihr Waschwasser, das eiskalt im Krug stand. Ich goß es in einen Topf, den ich am Feuer wärmte. Dann entkleidete ich das Kind und wusch es. Einer schnitt ihr die Haare ab, ein anderer gab ihr sein reines Hemd, das er sonst nur zur Weihnachtszeit anzulegen pflegte. Der Dritte kramte in einer Ecke, lange, bis er endlich einen roten Flanellrock hervorzog, den er noch von seinem verstorbenen Weib hatte. Ich reinigte die zerrissene Bluse, so gut es ging. Dann fand sich noch ein alter Mantel, den hing ich ihr um. Einer fragte plötzlich: „Wie heißt du?“ „Maria,“ antwortete sie scheu. Nun stand sie da und war rein. „Wir wollen würfeln, wer ihr Vater sein soll!“ sagte einer. „Ja, laßt uns würfeln!“ Wir kauerten uns hin und würfelten. „Eins!“ „Drei!“ „Sechs!“ Ich war noch übrig. Ich warf. „Neun!“ „Du sollst Vater sein! Hüte sie gut.“ An diesem Morgen tranken sie nicht. Sie gingen sogar an die Arbeit und kehrten selbst. Ich war der letzte, der den Raum verließ. „Vater,“ sagte Maria, „du bist wohl schon sehr alt?“ „Warum?“ fragte ich. „Deine Haare sind so weiß.“ Da griff ich mit den Fingern in meine Haare und riß. Sie waren in meiner Hand. Ich blickte hin. Sie waren weiß. Ich gab keine Antwort und ging hinaus. Ich hatte weniger zu tun. Nie mehr blieben meine Genossen daheim und tranken. Sie hielten ihre rohen Reden und derben Späße zurück. Sie waren gut zu Maria, wie ich gut zu ihr war. Nur am Sonntag gingen wir in die Schänke; als wir heimkamen, schlief das Mädchen schon. Waren wir angeheitert, so machten wir dennoch keinen Lärm, um Maria nicht zu wecken.

Es war November. Ich kehrte. Es war Mittag. Maria würde mir bald das Essen bringen. Ich kehrte. Mitten im größten Verkehr, mitten in der größten Unruhe stand ich da und kehrte. Ruhig. Da schaute ich auf, zufällig. Ein Blick war auf mich gerichtet. Kurz, dann ging er weiter. Er. Der Mann. Seine Augen hatten mich angeschaut. Seine Augen hatten hart geblickt, wie Glas. Er sah ganz gewöhnlich aus. Nichts besonderes war an ihm. Ein Gleichgültiger unter Gleichgültigen des Alltags. Ein Mann der Menge in der Menge. Meine Ohren zitterten. Meine Augen zitterten. Meine Lippen zitterten. Mein Kinn zitterte. Meine Hände zitterten. Meine Knie zitterten. Ich zitterte. Ein Strom drang durch mein Hirn, heiß. Dann ein Gegenstrom, kalt. Da war der, den ich suchte, um dessentwillen ich alt geworden war. Ich wollte vorstürzen. In dem Augenblick, wo er mich ansah, hätte ich es nicht vermocht. Da wäre ich eher geflohen. Denn etwas Zwingendes, Treibendes war in seinem Blick. Nun aber kann ich ihm nachstürzen! Er schaut mich nicht mehr an. Dort geht er. Dort ging er. Er war schon weit. Kaum konnte ich ihn mehr erkennen. „Du sollst mir nicht entkommen!“ schrie, lachte, gebot, weinte ich. Du nicht! Ein Leben habe ich auf dich gewartet. Nun sollst du mir Rede stehen, wer du bist. Es gilt. Mein Leben hast du gemordet, nur, weil du mich angesehen hast. Nun bezahlst du mir. Dein Leben für das meine. Dies stürmte auf mich ein, als ich losrannte. Ihm nach! Ich stolperte und fiel. Der Karren. Sofort war ich wieder auf und lief. Er war schon ganz unten, beim Eck der Straße. Ich lief ihm nach. Mein Atem keuchte. Er war um die Ecke. Ich lief schneller. Die Ecke kam näher, sie war da. Ich lief vorüber. Ich sah ihn nicht mehr. Ich hielt inne. Doch ja, dort, dort, dort, er lief ebenfalls. Er war schon ganz oben, bei der Ecke der nächsten Straße. Ich lief wieder. Einige wollten mich aufhalten. Ich stieß sie beiseite. Und lief. Ich hörte schon nicht mehr meine Lungen keuchen, ich hörte nichts mehr. Ich sah bloß. Ich sah ihn, ihn, ihn. Nun kam ich etwas näher. Nun war er aber wieder um die Ecke. Doch nein, du entkommst mir nicht. Diesmal nicht. Auch ich war schon um die Ecke. Da stand er unweit von mir. So unerregt, so sicher. Ruhig. Und sah mich an. Ich blieb plötzlich stehen. Ich mußte stehen bleiben. Ich hörte mich wieder keuchen. Er sah mich noch immer an. Ich verlor allen Mut. Ich wollte zurücklaufen, fliehen. Fliehen, fliehen! Denn jetzt erkannte ich auf einmal sein Gewand; es war grün. Und auf seinem Hut stak eine Feder. Und über seinem Rücken hing ein Gewehr. Das gewahrte ich alles erst jetzt. Das schaute ich jetzt. Er stand ruhig und sah mich an. Sein Blick! sein Blick! Nun wußte ich, wer es war. Es war ein Jäger. Da wandte er sich um und ging weiter. Im selben Augenblick war der Bann von mir gewichen. Ich konnte ihm wieder folgen. Aber ich ging schwer. Mein Hirn war kalt. Ich mußte ihm folgen, das wußte ich. Er ging durch viele Gassen. Ich folgte. Er bog ums Eck. Ich auch. Er ging schneller. Ich auch. Er ging langsamer. Ich auch. Die Straßen wurden einsamer. Noch immer ging er. Ich auch. Die Häuser hatten aufgehört. Er schritt und schritt. Ich auch. Er setzte sich auf einen Stein und rastete. Auch ich. Er stand wieder auf und ging weiter. Auch ich. Es kamen Felder. Wir gingen durch. Es kam Wald. Wir gingen durch. Da, als wir aus dem Wald herausgetreten waren, blieb er plötzlich stehn. Dort unten lag ein Haus. Dahinter waren weite Felder, rückwärts wieder Wald. Der da vorne schritt auf das Haus zu. Ich folgte. Er war schon bald da. Ich schritt schneller aus. Er trat durchs Tor. Ich folgte rasch. Über dem Eingang hing ein Geweih. Auf der Flur hatte der Mann eben sein Gewehr an einen Rechen gehängt, seinen Hut auf einen Nagel, als ich mit Gepolter im Rahmen der Türe stand. Er sah mich an. Doch ich fürchtete mich nicht mehr. Er war kleiner als ich. „Was willst du?“ fragte er ruhig. „Dich!“ schrie ich und sprang vor. Er wollte mich packen, ich war stärker. Sein Blick machte mich wütend und gab mir Stärke. Ich packte fest zu und drängte ihn durch eine Tür in ein Zimmer. An der Wand hatte ich einen Dolch erblickt, ich ergriff das Messer, noch ehe wir beide zu Boden gefallen waren, und mit meinem Gebrüll seinen Wehruf überschreiend, stach ich es ihm ins Herz. Ich keuchte noch schwer, dann atmete ich auf. Er war tot. Niemand hatte es gesehen. Niemand. Ich war frei. Ich hatte nichts mehr zu suchen. Ich war ein Mensch wie die andern. Nun schnell fort. Ich richtete mich empor. Da überlief es mich kalt. Mir stockte der Atem. Mir gerann das Blut. Meine Augen starrten. Ich konnte mich nicht bewegen. Ich war gelähmt: Ich sah in die entsetzten und groß aufgerissenen Augen eines Hasen. Ich hörte mein Herz klopfen und auch das des Hasen. Der Hase zitterte. Sein Blick zitterte. Plötzlich sprang er und war weg. Ich konnte mich wieder bewegen. Da sah ich, daß ein Fenster offen war. Hin über die vergrünten Felder lief der Hase. Da wußte ich auf einmal, warum er lief. Scheu, den Blick vom Boden der Tat wegwendend, drehte ich mich um und lief aus dem Zimmer, durch die Flur und aus dem Haus heraus. Ich lief. Ich war weg.

Die Straße, der Wald, der Wald, der Wald, der Wald war unendlich. Langsam kam die Dämmerung. Noch immer lief ich. Endlich sah ich Lichter. Ich lief langsamer. Die ersten Häuser kamen schon, nun Straßen. Ich lief nicht mehr. Ich blieb stehn. Ich wischte mir den Schweiß von der Stirn. Ein Finger war blutbespritzt. Ich bückte mich, steckte ihn in warmen Pferdekot und zog ihn wieder heraus. Man sah nichts mehr. Ich war rein vom Blut. Ich ging. Es war schon spät in der Nacht, als ich heimkam. Ich tastete an der Wand. Da standen vier Karren. Sollte das alles ein Traum gewesen sein? Es war finster. Dennoch wußte ich, daß ich lächelte, als ich zu den Meinen eintrat. Sie schnarchten. Ich legte mich hin; in meine Ecke. Ich hörte Maria regelmäßig atmen. Ich wälzte mich auf die linke Seite und schlief unglücklich. Am Morgen fragten mich alle, wo ich gewesen. „Ein Schwindel ergriff mich, ich fiel hin; als ich aufwachte, war ich bei guten Leuten. Ich glaube, es war der Hausmeister von der grünen Villa in der Jägerstraße," sagte ich matt und wunderte mich im Innern über meine Lüge. „Ja, ja, du wirst alt, Vater," meinte Maria und reichte mir warmen Kaffee. „Was glaubst du, wie ich erschrak, als ich mit dem Essen kam und dich nicht sah, nur deinen Schubkarren. Eine Stunde habe ich gewartet. Das Essen war kalt geworden. Ich gab es in den Wagen, nahm Schaufel und Besen und zog voller Angst heimwärts." „Du gutes Kind, du bist so gut, so gut," sagte ich. „Also auf!" räusperte sich einer der andern, „kehren wir wieder einmal den Dreck des Lebens von der einen auf die andere Seite. Ob so oder so, Dreck bleibt Dreck! Also los, Bruder, kehren wir!" „Ja," sagte ich und folgte ihnen nach.

Kein Tag war glücklich. Keinen Augenblick fand ich Ruhe. Ich stand und kehrte. Meine Augen hasteten. Meine Ohren hörten, mitten im Lärm der Straße, auf ein leises Geräusch. Ein Geräusch, das so leise ist, weil es vom Tappen kleiner Pfoten kommt. Ich kehrte schlecht. Ich war zerstreut. Ich hörte die Reden Marias nicht. Ich hörte auch nicht die Flüche meiner Genossen. Nichts hörte ich. Nur eines wußte ich, und immer und immer wieder eines: Jemand weiß, jemand war Zeuge, jemand war ein Hase. Ein Hase! Ein Hase! „Hast du nicht den Hasen gesehn?" fragte ich den Kutscher. Der hieb auf die Pferde ein und lachte. Ich war nicht frei. Noch immer nicht frei. Frei wie andere. Solange nicht, bis ich den Hasen gefunden hatte. Ich lief dem Wagen des Kaufmanns nach; da lagen viele Hasen, tot. Vielleicht war auch mein Hase darunter. Ich beugte mich über jedes Tier und sah in die erstarrten Augen. Mein Hase war da nicht. „Du willst wohl stehlen?" brüllte mich der Fuhrmann an, der gerade aus der Schänke herauskam und auf den Kutscherbock stieg. „Nein! ich habe nur meinen Hasen gesucht." „Weg!" schrie der Mann, schlug nach mir mit der Peitsche und fuhr. Ich schaute vor den Wildläden die hier hängenden Hasen lang und streng an. Ich fand nichts. Ich streichelte Maria nicht mehr; ich hätte an das Hasenfell denken müssen. Ich war unruhig. Ich war sehr unruhig. Ich schlief schlecht. Ich kehrte schlecht. Ich verdaute schlecht. Ich fand nichts. Tage waren nach dem Mord vergangen. Wochen. Ich hatte alle Hasen der Stadt gesehn, tote und bald tote; denn ich war am Dienstag und Freitag schon um vier Uhr früh an der Ostseite der Stadt und wartete auf die Bauern, die mit Hasen zur Stadt fuhren. Meinen Hasen fand ich nicht. Tagsüber stand ich auf der Straße und kehrte schlecht. Fuhr ein Leichenwagen vorüber, hielt ich inne im Kehren und stand stramm wie ein Soldat.

Der Hase lief. Da waren die Felder hinter ihm. Da war wieder der Wald. Sein Dunkel war gut. Der Hase hatte keine Angst mehr vor dem Wald. Denn er verbarg sich hinter Gezweig und wartete. Wartete die ganze Nacht hindurch. Sein kleines Herz pochte, so lang die Nacht war. Am Morgen schlug es schon leiser. Da schlief er ein. Als er aufwachte, hatte er Hunger und und fraß dürre Blätter. Er wagte nicht, sich zu rühren. Vor seinen Augen sah er noch das Furchtbare, die Unwesen. Jetzt liebte er den Wald. Er kroch weiter. Er suchte etwas; er konnte nichts finden. Denn er wußte nicht, wo er hin sollte. Jenes Schreckliche hatte ihm alle Erinnerung an seine Familie ausgelöscht. Er irrte im Wald herum. Aufs Feld traute er sich nicht mehr, denn dort drohte jenes Das. Er blieb nirgends lange; er floh. Er saß nie, er lief. Er wußte nicht, vor wem er floh. Weiter, weiter. Und die Bäume waren da und das Moos. Bis er müde war, daß er nicht mehr weiter konnte, blieb er liegen und schlief ein. So war er, so lebte er und wußte nichts. Eine Eule hielt er für seine Mutter. Einmal lief er doch hinaus, über Felder der Landstraße zu. Da, er wollte zurückfliehen, standen viele Unwesen, nun hatten sie ihn gepackt und hielten ihn fest. Er schloß die Augen und wartete zitternd. Ein lautes Geräusch ertönte, als würden große Tiere brüllen. Da spürte er, daß ihm nichts mehr weh tat; er tastete mit den Pfoten, fühlte Erde und sprang und — lief. Wald. Er war im Wald und schloß erst jetzt seine Lider. So waren seine Augen in Angst gewesen, daß die Lider sich nicht geschlossen hatten; von dem Augenblick, wo er entlief über die weiten, weiten Felder, bis zu dem Augenblick, wo er den Wald betrat. Der Hase hatte jetzt etwas Schreckliches im Blick, so, daß sogar die Giftschlange sich verbarg und von allem Bösen ließ, als sie seine Augen auf sich gerichtet fühlte.

Zwei Stunden vor der Stadt wurde eine Straße gewalzt. Viele mußten dabei helfen. Auch ich. Tag für Tag standen wir draußen und räumten Steine aus dem Weg. Unterdessen verstaubte in der Stadt das Pflaster. Auch meine Genossen halfen mit. Um zwei Uhr brachte uns Maria immer das Mittagsmahl. Da war gerade Rast, und wir warteten am Straßenrand. Auch heute wieder. Auf einmal ertönte Geschrei. Alle liefen zusammen und riefen. Ich erhob mich und schritt langsam dorthin, wo sie mitten auf der Straße standen. Da teilte sich die Menge. Ich sah einige, die einen Hasen festhielten. In diesem Augenblick dachte ich an nichts, nur Mitleid ergriff mich, ich stürzte vor und schrie wild: „Daß mir niemand den Hasen tötet!" Sie erschraken, ließen locker, und der Hase entlief. Dort war er schon, nahe am Wald. Jetzt sprang er und ward nicht mehr gesehen. Ich hatte ihm nachgeschaut, ohne Sinn und ohne Regung, bis er verschwunden war. Plötzlich fiel mir ein: Könnte es nicht mein Hase . . .? „Hasenheiland, wann wirst du deine Predigt halten?" höhnten mich viele, aus Wut, daß der Hase davon war.

Ich soff. Ich roch nach Schnaps. Ich schlug Maria. Ich schlug meine Genossen und wurde wieder von ihnen geschlagen. Ich kehrte schlecht. Monate vergingen. Maria war weggelaufen. Kaum, daß ich sie vermißt hätte. An Sonntagen rannte ich in den Wald, um den Hasen zu suchen. Als es finster war, kehrte ich heim. Und Schnee lag überall und war höhnisch. Liefe jetzt ein Hase übers Feld, es wäre unheimlich. Da lief ich. Bis wieder die Stadt kam, und bis ich wieder zu Hause war. Und so vergingen viele Monate. Abermals war der Sommer vorüber. Ich haßte den Herbst. Ich hätte ihn töten mögen. Ich saß in der Schänke. Die Dirne an meiner Seite war krank. Ich sah es nicht. Ich saß und trank. Die Dirne trank mit. Da schlug ihr einer das Glas weg, gerade als sie trinken wollte. Ihr Mund blutete. Ich trank und sah nichts. Da schrie mich das Weib an: „Siehst du nicht, daß er dich verspottet?!" Ich spielte, sah einen, der über mich lachte. Ich griff zum Glase und trank. Alles war gleichgültig. Nur der Schnaps nicht. Jetzt packte mich die Dirne, rüttelte und rief: „Du bist ja gar kein Mann, du bist ein Hase!" Ich schaute auf. Meine Augen schlossen sich und öffneten sich wieder. Das Wort traf mich wie ein Schlag. Ich stand auf. Ich lief hinaus. Ich lief. Bis der Wald kam.

Lange Zeit war vergangen. Der Wald war weiß gewesen, dann wurde er grün, nun war er gelb. Der Hase hatte nie Ruhe. Er lief und verbarg sich, war stets gehetzt und fürchtete immer etwas Dunkles. Er war alt geworden, weil er nie rasten konnte. Noch immer hatte er seine starren Augen, noch immer wußte er von seinem früheren Leben nichts. Keine Mutter gab ihm Wärme, kein Vater Sicherheit. Allein war er im alten Walde. Kein Tier paarte sich mit ihm. Alles floh, auch böses Getier, kam der fliehende Hase angerannt. Und er lief und lief, fürchtete die Felder und war im Wald. Manchmal hatte er eine Erinnerung: Das Entsetzliche stieg auf, das eine Unwesen wuchs riesengroß aus dem Moos, dann das zweite, nun fielen sie beide hin — und war ein Tier, ein Reh, das, von den starren Augen des Hasen gescheucht, verwirrt flüchtete. Der Hase war müde. Er wollte nicht mehr die Augen öffnen. Er mußte sie öffnen, er mußte laufen, er mußte fliehen. Er starb nicht. Er lebte und floh.

Als ich den finstern Wald betrat, wußte ich: Meine Seele war hauslos. Die Bäume kamen mir entgegen und wichen zurück. Kein Laut war zu hören. Alle Tiere und Zweige schwiegen. Ich drang durch Gestrüpp und Sträucher. Zum erstenmal taten mir meine Füße wohl. Ich ging auf Moos. Das Moos war gut. Ich hatte Angst, daß draußen die Sonne untergehn könnte. Auch wenn Moos gut ist, will ich nicht hier bleiben, allein mit mir im Wald, den die herankommende Nacht umhalsen wird. Ich fürchte Nächte im Walde. Ich wollte mich jetzt selbst beim Namen rufen, er war aber schon lange vergessen. Ich hatte Angst, auf einmal, vor mir selbst. Ich wußte aus irgend einem verwirrten, aber heftigen Grunde, daß ich heute den Herbst töten würde. Der Wald war groß. Da fing ich plötzlich zu rennen an. Und rannte im Walde. Die Sträucher und Äste zerkratzten mir Gesicht und Hände. Ganz gleich. Ich rannte im Walde. Da lief ein Schatten; quer über den Weg. Der Schatten stand plötzlich still, als hätte ihn der Blitz gerührt. Der Schatten bewegte sich nicht. Ich stand genau so still wie der Schatten. Ich konnte mich nicht rühren. Ich hatte den Schatten erkannt. Der Schatten war ein Hase. Der Hase! Am Auge hatte ich den Hasen erkannt. Er war gelähmt. Seine Augen waren groß und starr. Seine Ohren waren steif und spitz. Sein Blick war entsetzt und irrsinnig. Mein Auge zitterte. Ich sah mich im großen Auge des Hasen, und der Hase sah sich in meinem Auge. Ich sah den Hasen, und der Hase sah mich. Lautlos standen wir einander gegenüber. Eine Ewigkeit lag zwischen uns. Und ein Wald. Alles, mein ganzes Leben fiel mir auf einmal ein, als ich dem Hasen ins Gesicht sah. Am Auge hatte mich der Hase erkannt. In diesem Atemzug sprang ich mit einem Schrei auf ihn, packte seinen Hals und — trotzdem ich als Kind immer geweint hatte, als meine Mutter das Huhn tötete — erwürgte ich den Hasen. Seine Augen waren entsetzlich groß und tot. Ich lachte auf. Meine Finger waren um seinen Hals gekrampft und ließen nicht locker. So trat ich aus dem Wald heraus. Die Sonne ging gerade unter. Ich lief nicht mehr. Ich ging langsam. Als ich die Stadt betrat, brannten schon die Laternen. Meine linke Hand hielt den Hasen. Ich wußte nichts von meiner Linken. Irgendwer schrie aus dem Halbschatten: „Guten Abend, Herr Ha . .“ Ich hatte etwas gehört. Nein! nein, das war ja mein Name, den ich schon vor langem vergaß. Nein, es war nichts. Ich lächelte. Ich wußte schon nichts mehr. Die Laterne war grün.

Ich war eingetreten. Da saßen die Polizisten. Sie schauten zu Boden. Plötzlich sahn sie auf. Ich stotterte erst, dann sagte ich fest: „Ich bin ein Mörder.“ Eine namenlose Stimme fragte: „Wen haben Sie gemordet?“ Ich hob meine Linke mit ihrer Last hoch und sagte: „Diesen Hasen.“ Die

Gesichter der Polizisten erschienen durch den Qualm breiter, voller. Jemand sprach gütig: „Seht doch, es ist hier etwas nicht in Ordnung in der Natur. Der Hase, den er da in der Linken hält, hat Augenlider wie ein Mensch, und jener Mensch hier hat keine Lider, nur große starre Augen." Die sachliche Stimme fragte wieder: „Wie heißen Sie?" Mir war es, als fiele ich in ein Meer. Dann sagte ich voller Unmut und heftig: „Wie kann ich das wissen, da ich doch den Hasen getötet habe!" Dann mußte ich plötzlich eingeschlafen sein. Denn als ich aufwachte, lag ich in einem Haus. Und in dem Haus waren die Wände bleich.

Eines Tages war der Wind so gut. Ich trat aus dem Haus heraus und war frei. Die bleichen Wände lagen hinter mir. Ich bekam wieder meinen Schubkarren, meine Mütze und meinen Besen. Ich kehrte wieder.

Ich habe berichtet. Das war mein Leben. Ob es gerecht war, weiß ich nicht. Zufällig schaut man ins Leben. Vielleicht war mein Leben nur ein Leben, das man zwischen dem Erleben lebt. Vielleicht habe ich auch gar kein Leben gelebt, vielleicht war es das Leben eines andern, oder auch das, was niemand erlebt hat. Also ist mein Leben kein Leben gewesen. Ich weiß es nicht. Nun habe ich Ruhe. Ich habe meinen Frieden mit allen Menschen und Hasen gemacht. Ich kehre und frage nicht mehr. Manchmal schaue ich auf und blicke in die flüchtenden Augen vornehmer Frauen, die fragend und schnell auf meine schmalen langen Hände sehn und auf meine arabisch geschwungene Nase.

9 789356 901285

Printed at Repro India Ltd.